TRADICIONES Y CELEBRACIONES

DÍA DE LOS PUEBLOS INDÍGENAS

de Katrina M. Phillips

PEBBLE
a capstone imprint

Publicado por Pebble, una impresión de Capstone.
1710 Roe Crest Drive
North Mankato, Minnesota 56003
capstonepub.com

Copyright © 2026 de Capstone. Todos los derechos reservados. Ninguna parte de esta publicación puede ser reproducida ni total ni parcialmente, ni almacenada en un sistema de recuperación, ni transmitida de ninguna forma o por ningún medio, ya sea electrónico, mecánico, fotocopia, grabación o de otro tipo. sin la autorización escrita de la casa editorial.

Los datos de catalogación previos a la publicación se encuentran disponibles en el sitio web de la Biblioteca del Congreso
ISBN: 9798875226885   (tapa dura)
ISBN: 9798875236037   (tapa blanda)
ISBN: 9798875236044   (PDF libro electrónico)

Resumen
Descubre y celebra el Día de los Pueblos Indígenas con esta exploración fáctica de la historia, los eventos y las tradiciones de la festividad.

Créditos fotográficos
Alamy: Jeffrey Isaac Greenberg 9+, 20, Pat Canova, 8, SCPhotos, 24; Associated Press: Elaine Thompson, 5, 12, Marty Lederhandler, 29, Ted S. Warren, 18; Getty Images: Boston Globe, 27, San Francisco Chronicle/Hearst Newspapers via Getty Images, 26; Library of Congress, 11; Newscom: Danita Delimont Photography/David R. Frazier, 14, Danita Delimont Photography/Luc Novovitch, 15, Reuters/Arnd Wiegmann, 22, Reuters/Deanna Dent, 23, Reuters/Eduardo Munoz, 1, 17, ZUMA Press/Paul Christian Gordon, 7, 19; Shutterstock: HannaTor, Cover, The Old Major, 25
elemento de diseño: Shutterstock: Rafal Kulik

Créditos editoriales
Editora: Erika L. Shores
Diseñadora: Dina Her
Investigadoras de medios: Jo Miller
Especialista en producción: Tori Abraham

Capstone no mantiene, autoriza ni patrocina los sitios web y recursos adicionales a los que se hace referencia en este libro. Todos los nombres de productos y empresas son marcas comerciales™ o marcas comerciales registradas® de sus respectivos propietarios.

Printed and bound in China. 6276

TABLA DE CONTENIDO

¿QUÉ ES EL DÍA DE LOS PUEBLOS INDÍGENAS? 4

CAMBIANDO LA HISTORIA 10

UN MOMENTO PARA REUNIRSE 14

MÁS DE UN DÍA 24

EN TODO EL MUNDO 28

GLOSARIO 30
SOBRE LA AUTORA 31
ÍNDICE 32

Las palabras en **negritas** están en el glosario.

¿QUÉ ES EL DÍA DE LOS PUEBLOS INDÍGENAS?

Algunas festividades son antiguas. Otras no. Pero las nuevas festividades pueden enseñarnos mucho. El Día de los Pueblos Indígenas comenzó en 1992. Es el segundo lunes de octubre. Indígena significa ser del primero pueblo de vivir en un lugar.

El Día de los Pueblos Indígenas celebra a los nativos americanos en los Estados Unidos. Cada año, más personas celebran el Día de los Pueblos Indígenas. En algunos lugares, el día se llama Día de los Nativos Americanos. Muchas ciudades y estados celebran el Día de los Pueblos Indígenas. ¿El tuyo lo celebra?

En el Día de los Pueblos Indígenas, la gente piensa en el pasado. Es un momento para recordar las promesas que el gobierno de los EE. UU. ha hecho a los nativos americanos. El gobierno ha hecho **tratados** o acuerdos con los pueblos nativos durante muchos años.

La gente quiere honrar la cultura de los nativos americanos. La cultura es el estilo de vida de un grupo de personas. Es el idioma, el arte, la música y las tradiciones. La festividad muestra orgullo por las cosas que los pueblos nativos han hecho.

Aproximadamente 6 millones de indígenas viven en los Estados Unidos. Sus **antepasados** vivieron aquí durante miles de años. Estuvieron aquí mucho antes de que llegaran los europeos.

Hay cientos de naciones indígenas en los Estados Unidos. Los indígenas viven en todo el país. Viven en grandes ciudades. Viven en pueblos pequeños. Pueden vivir en reservas. O puede que no. ¿Qué naciones indígenas hay en tu estado?

CAMBIANDO LA HISTORIA

El Día de los Pueblos Indígenas es el mismo día que el Día de Colón. El Día de Colón ha sido un día feriado en los Estados Unidos desde 1934. Pero muchos indígenas y pueblos nativos no quieren celebrar a Cristóbal Colón.

Cristóbal Colón no descubrió América del Norte. ¡Ya había mucha gente aquí! Colón secuestró a indígenas. Esclavizó a muchos de ellos. Por eso, la gente no quiere celebrarlo.

Cristóbal Colón

Los percusionistas cantan mientras lideran una marcha en el Día de los Pueblos Indígenas.

Las personas que celebran el Día de los Pueblos Indígenas quieren celebrar y aprender sobre todas las cosas que han hecho los pueblos indígenas. Quieren honrar a pueblos como los **taínos**. Fueron el primer pueblo conocido por Colón. Muchas personas que viven en las islas del Caribe tienen antepasados taínos.

UN MOMENTO PARA REUNIRSE

La gente celebra el Día de los Pueblos Indígenas de muchas maneras. Algunos cocinan ciertos alimentos tradicionales. Pueden cocinar arroz salvaje o hacer **pan frito**.

Elaboración de pan frito

Alguna gente va a ver a los ancianos. Escuchan historias sobre el pasado. Otros visitan a otros líderes nativos. Hablan sobre las cosas que son importantes para las personas en sus comunidades.

Algunos pueblos nativos van a un **powwow** para celebrar. Si lo hacen, a veces usan **indumentaria**. Esta vestimenta se usa para eventos especiales.

Algunas comunidades nativas se reúnen para un banquete. Pueden ser los anfitriones de un powwow. Puede haber danzantes y grupos de tambores. En varios casos organizan ceremonias y desfiles.

En el estado de Minnesota, muchas personas se reúnen en el Centro Indígena Americano de Minneapolis. Se reúnen para comer y bailar. Ven a familiares y amigos. Es uno de los centros indígenas más antiguos del país.

　　La Fundación Indios Unidos de Todas las Tribus organiza **manifestaciones** y marchas. Este grupo está en Seattle, Washington. Celebran el trabajo que llevó a la ciudad a reconocer el Día de los Pueblos Indígenas.

Los pueblos nativos de la zona celebran con canciones y bailes tradicionales. También tienen una cena tradicional de salmón. Se reúnen en el Centro Cultural Indígena Daybreak Star en Seattle.

Los estudiantes aprenden sobre la cultura nativa en un evento del Museo Nacional del Indio Americano.

El Día de los Pueblos Indígenas es una forma de celebrar el arte y la cultura indígenas. Algunas personas lo celebran leyendo poemas. En 2020, tres poetas nativos, Sherwin Bitsui, Joan Naviyuk Kane y Tommy Pico, leyeron sus poemas para un evento en Brooklyn, Nueva York.

La gente va a los museos. El Museo Nacional del Indio Americano en Washington, D.C., tiene arte en exhibición de pintores nativos. Puede haber cantantes o grupos de tambores allí. Los autores nativos pueden compartir sus libros. La gente puede dar discursos. Recuerdan a sus antepasados.

Algunas personas piensan que los pueblos nativos han desaparecido. Pero eso no es cierto. Los pueblos nativos todavía están aquí. Los pueblos nativos tienen una larga historia de **activismo**. Mucha gente quería un día para celebrar y aprender.

Podrías aprender sobre Autumn Peltier. Ella es una protectora del agua. Los protectores del agua son personas que quieren mantener el agua segura y limpia. Peltier ha hablado a favor del agua limpia toda su vida.

Autumn Peltier

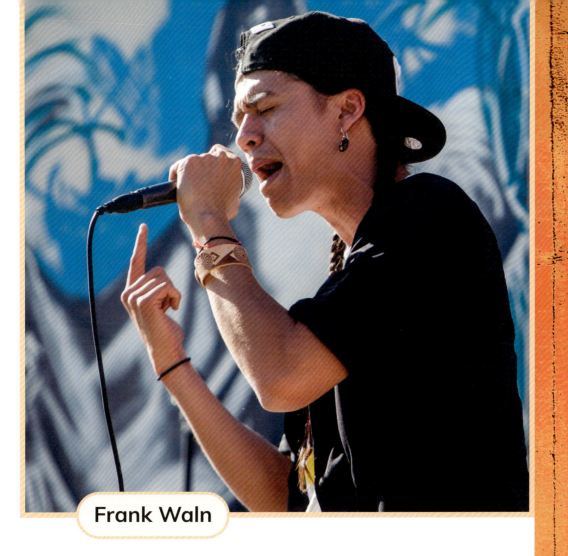

Frank Waln

También podrías aprender sobre Frank Waln. Es un activista y artista de hip hop. Escribió una canción para informar a la gente sobre un proyecto que dañaría las tierras indígenas.

MÁS DE UN DÍA

El Día de los Pueblos Indígenas es solo un día. Los pueblos nativos celebran su pasado todo el año. Honran sus culturas todo el año. Aprenden sus idiomas. Enseñan sus idiomas. Practican ceremonias tradicionales.

   Cada verano, las naciones indígenas del noroeste del Pacífico emprenden el Viaje Tribal en Canoa. Recorren las mismas rutas fluviales que recorrían los pueblos nativos hace mucho tiempo. Construyen canoas para viajar a lo largo de la costa occidental. Las canoas son una parte importante de su cultura. Los Viajes Tribales en Canoa son un momento para que muchas naciones se reúnan y celebren.

Los pueblos indígenas de los Estados Unidos celebran dos grandes eventos en noviembre. La Ceremonia del Amanecer de los Pueblos Indígenas también se llama el Día de No Acción de Gracias. Es el cuarto jueves de noviembre. Comenzó en 1975. Se celebra en la región de la bahía de San Francisco en California.

Gente bailando en la Ceremonia del Amanecer

El fuego y el humo representan la sanación durante una ceremonia del Día Nacional de Luto.

Los nativos americanos de Nueva Inglaterra celebran el Día Nacional de Luto. También se celebra el cuarto jueves de noviembre. Estos eventos recuerdan a las personas cosas que son importantes para los pueblos indígenas.

EN TODO EL MUNDO

El 9 de agosto es el Día Internacional de los Pueblos Indígenas del Mundo. El día llama la atención sobre las necesidades de los pueblos indígenas de todo el mundo. Más de 370 millones de indígenas viven en más de 90 países. ¡Hay muchas formas de celebrar a los pueblos indígenas!

Una ceremonia en la ciudad de Nueva York honró el primer Día Internacional de los Pueblos Indígenas del Mundo en 1995.

GLOSARIO

activismo (ac-ti-VIS-mo): generar un cambio político o social

antepasado (an-te-PAS-ado): un miembro de la familia que vivió hace mucho tiempo

esclavizar (es-cla-VI-zar): obligar a alguien a perder su libertad

indumentaria (in-du-men-TAR-ia): lo que visten los danzantes indígenas para ocasiones especiales

manifestación (ma-ni-fes-ta-CIÓN): un evento que reúne a las personas para prepararse para la acción

pan frito (PAN FRI-to): un pan de masa plana que se puede freír o freír en abundante aceite, hecho con ingredientes simples; no es una comida indígena "tradicional", pero muchas naciones indígenas la hacían cuando no tenían sus comidas tradicionales en las reservas

powwow (POW-wow): una reunión social donde los pueblos nativos cantan, bailan y honran sus culturas

reserva (re-SER-va): un área de tierra reservada para los pueblos nativos

taínos (TAÍ-nos): un pueblo indígena del Caribe; algunos puertorriqueños, cubanos y dominicanos todavía se identifican como taínos

tratado (tra-TA-do): un acuerdo entre dos o más naciones

SOBRE LA AUTORA

La doctora Katrina M. Phillips es ciudadana de la Banda Red Cliff de los ojibwe del Lago Superior. Obtuvo su licenciatura y doctorado en Historia de la Universidad de Minnesota y enseña la historia de los nativos americanos y la historia del Oeste estadounidense en la universidad Macalester College.

ÍNDICE

activismo, 22, 23
antepasados, 9, 13, 15, 21
arte, 6, 21
autores, 21

baile, 16, 19, 26

canto, 12, 19, 21, 23
Centro Cultural Indígena Daybreak Star, 19
Centro Indígena Americano de Minneapolis, 16
Ceremonia del Amanecer de los Pueblos Indígenas, 26
comida, 14, 16, 19
cultura, 6, 20, 21, 24, 25

Día de Colón, 10
Día de no Acción de Gracias, 26
Día de los Nativos Americanos, 4
Día Internacional de los Pueblos Indígenas del Mundo, 28, 29
Día Nacional de Luto, 27

Fundación de los Indios Unidos de Todas las Tribus, 18

idiomas, 6, 24
indumentaria, 15

manifestaciones, 18
marchas, 12, 18
Museo Nacional del Indio Americano, 20, 21
música, 6, 12, 16, 19, 21, 23

nativos americanos de Nueva Inglaterra, 27

Peltier, Autumn, 22
poetas, 21
powwows, 15, 16
protectores del agua, 22

reservas, 9

Seattle, Washington, 18, 19

taínos, 13
tambores, 12, 16, 21
tratados, 6

Viaje Tribal en Canoa, 25
vestimenta, 15

Waln, Frank, 23